50个世界各地的幸运传说

Illustrated by Eri Kamei

[日] 龟井英里 著

宋春晓 英尔岛 译

上海三联书店

前言 Introduction

50个为生活带来幸运的魔法。

本书介绍了至今仍在生活中沿用的50个幸运魔法，配有美丽的插图，内容涉及世界各地习俗、民间传说、神话和宗教活动等等。芬兰有一种古老的说法，在夏至日，若睡觉前把七种不同的花朵放在枕头下面，便会梦到自己的真命天子。在德语国家，据说在圣诞节、新年和狂欢节那天吃罂粟籽面包便会收获财富。在蒙古，人们会把毛毡狐狸玩偶轻轻地放在小婴儿的枕头下，来帮助他们安睡。光是看着本书蕴含魔法的可爱插图都能令人幸福感倍增，也非常适合作为礼物来送给特别的人。

注意事项 Notes

★ 本书的目的在于帮助读者了解世界各地的幸运魔法。

★ 本书在依据参考文献的基础上，尽量选取了最广为人知的内容。不同的国家地区或许会有不同的说法，敬请谅解。

a little happiness

目录 Contents

佩戴橡栗的女性
可以青春永驻

★

橡栗自古以来就标志着“五谷丰登”。橡树也是长寿的象征。英国有个古老的说法，女性佩戴上橡树的果实——橡栗，就可以永葆青春。北欧神话中还有托尔在橡树下躲避雷雨的传说，所以橡栗放在窗边可以用来避雷，也常用于装饰。

英国

把蕨孢偷偷放进对方的口袋
让爱人永不变心

★

在英国，蕨是一种常见的植物。19世纪，蕨类植物的户外采摘或是水槽状小型温室的栽培活动曾经十分盛行。蕨类植物有着“魔鬼之刷”的别称，通过孢子繁殖。人们认为它能预测吉凶，拥有神奇的力量。如果你把少量的蕨孢子放在爱人的口袋或者手提包里，他（她）便永远不会变心。

英国

HEY, DIDDLE, DIDDLE

装饰水井
感谢守护神提供的宝贵之水

★

水是生命之源。用来汲水的水井是共同社会开展生活的核心，十分重要。英格兰中部德比郡流传着“水井祭礼”的风俗礼式，人们会用黏土、花瓣和树叶装饰水井，向守护神表达感谢。这种感谢水源和水井的仪式可以追溯到古代，曾经一度荒废，直到14世纪“黑死病”爆发后才得以在蒂辛顿（Tissington）[①]复兴。

英国

① 编注：位于英国德比郡。

在吉祥的日子里
一言不发
制作“哑巴蛋糕”预测未来伴侣

★

据说该蛋糕的名字dumb cake起源于英文单词doom，意味着命运。在夏至前夜或者平安夜这样的吉祥日子里，大家会在当天的午夜时分相聚一堂，调配原料，共同烘烤蛋糕。放入烤箱之前，人们会在蛋糕上写下其中一人的姓名首字母。如果能够全程保持沉默，烘烤好的蛋糕表面便会显现出此人未来配偶的姓名首字母。制作“哑巴蛋糕”所需要的食材有面粉、水、鸡蛋和盐等。从流传下来的配方来看，似乎并不是那么美味。

英国

去往婚礼之前
在新娘的左鞋里放入 6 便士
为她祝福

★

6便士是英国在1551年至1971年间使用的货币。原本是最小的银币单位，最初以白银发行，后来变成了白铜。人们会将其当作幸运物。如果在婚礼前将6便士放进新娘的左鞋，她便会收获幸福。硬币根据时代变迁，所刻印的国王和女王也不尽相同，其象征的福分也会有所差异。

英国

TUE
THU
MON
WED
FRI
SUN
SAT
the hair

在周几剪头发最好？
周二能长寿
周五最完美

★

人的生命力与头发密切相关，发丝脱落之后也同样如此。或许是出于这个缘故，关于头发的传说层出不穷，比如相关的打理方法，理发的最佳时间等等。根据英国英格兰地区流传的古老歌谣，理发最好避开周一和周日。若是周四和周六理发便无法成为有钱人。理发选在周二则能长寿，周五是最理想的日子。

英国

猫拥有神奇的力量
门前的陌生黑猫是幸运的前兆

猫是人类非常熟悉的动物。欧洲自古以来就认为猫有着不可思议的力量。尤其是黑猫，曾被看作是女巫的随从或者化身。所以在某些国家，人们若看到黑猫挡路，便会感到十分晦气。然而据说在苏格兰，如果有陌生的黑猫闯进门前，它就会为这个家里带来繁荣。

苏格兰

在贝尔坦火节
弘扬古代传统
迎接夏天、祈求丰收

★

五月节是古罗马神话弗洛拉女神的祭典，后来演变为凯尔特人的贝尔坦（Beltane）火节。对于农耕民族来说，夏至十分重要，火也是重生的象征。1988年4月30日，爱丁堡举办了贝尔坦火节，古代的五月节由此复兴。最初规模很小，只有少数人参加；后来在爱丁堡大学苏格兰学研究所的帮助下，该节庆得以发展到如今的规模。

苏格兰

BREAD AND BUTTER!

两个人并排走
若碰到障碍物
就念“面包和黄油”

★

在西方，“面包和黄油”密不可分。人们认为在和朋友或者爱人并排走路时，如果中间被其他人或者石头、柱子等隔开则会不太吉利。但若在这个时候立即念出“面包和黄油”（bread and butter），两个人的关系便不会被切断了。

英语地区

喝完红茶
用残留杯底的茶叶占卜未来

★

红茶占卜是用杯中茶叶残渣的形状来占卜未来。《哈利·波特》系列中的霍格沃茨魔法学校也有红茶占卜课。喝完红茶后转动杯子三周，倒扣在茶碟上滤走水分，最后观察留在杯底的茶叶渣形状。聚集在杯底的茶渣预示了遥远的未来：星星代表成功，圆圈是失败，鸟和桥是旅行，教会是婚礼，短剑则是危险的警告。

英语地区

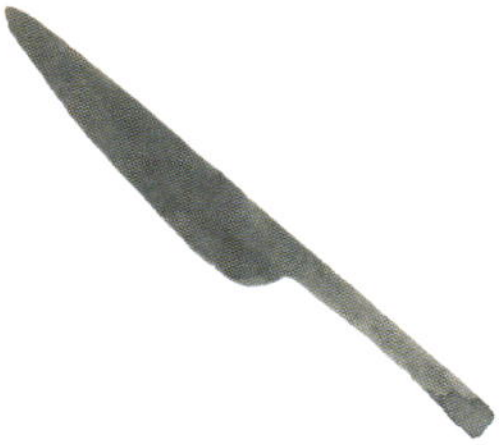

斋期前的重要一餐
——松饼让你整整一年
幸运连连

★

在英国和澳大利亚等地，人们习惯在忏悔星期二（Mardi Gras），即进入复活节斋期“四旬节”的前一天吃松饼。据说这天吃松饼可以为接下来的12个月带来好运，让你不再为衣食而苦恼。松饼形状类似于厚可丽饼，主要由鸡蛋、牛奶和面粉制成，挤上柠檬汁，撒上白糖，即可食用。还有说法认为必须在晚上8点前吃完，否则便会招来不幸。

基督教国家

夏至日采摘7种鲜花
放在枕头下面
在梦里遇到你的命中注定

★

夏至日，人们会聚在一起共同庆祝夏天的到来。这段时期芬兰很多地方都处于极昼。基督教传入芬兰之前，人们会在夏至节日上赞美天气之神乌戈（Ukko），祈祷收获和繁荣。虽然在现代，这些祈祷语的宗教意义已经减弱，但是仍然保留了一些年轻女孩会去使用的夏至魔法咒语。比如，在草地里采摘7种鲜花，放在枕头下入眠，命中注定之人便会走进梦中。

芬兰

象征太阳的布利尼薄饼
抹上融化的黄油
等待温暖的春天

俄罗斯谢肉节（Maslenitsa）通常在2月或3月举行，由斯拉夫民族自古以来的送冬节和基督教狂欢节结合而成。Maslenitsa是“黄油周”的意思，来源于涂在布利尼饼上的黄油“Maslo”，布利尼饼则是节日时必须要吃的一种俄罗斯风味薄饼。圆形的布利尼薄饼象征着太阳，也意味着对死者的追悼。节日期间，人们会在公园立起装扮好的稻草人，在它的周围唱歌跳舞，并在节日的最后一天烧毁，以送走冬天。

俄罗斯

燃烧写有愿望的纸
把灰烬倒进香槟杯里
将其饮尽以迎接新年

★

在俄罗斯，香槟是新年祝酒的御用酒。19世纪初，法国的凯歌（Veuve Clicquot）香槟公司向俄罗斯上流阶级售出了第一瓶香槟，俄罗斯人对香槟的喜爱也由此开始。当时还是前苏联时代，香槟也在老百姓中流行开来。据说在干杯用的香槟酒杯里，放入愿望信纸燃烧后的纸灰，趁1月1日0点钟声响起时一饮而尽，愿望便会实现。

俄罗斯

制作云雀形状的烘焙点心
庆祝春天的到来
期盼大自然的回归

★

3月的“云雀节”是庆祝冬去春来的节日，它结合了斯拉夫民族自古流传下来的仪式和俄罗斯东正教“塞巴斯蒂四十殉教者之日”。人们认为这一天在温暖地方过冬的鸟儿会飞回来，便用面粉捏出云雀和喜鹊等鸟儿的形状，挂在屋顶上。还有一种习俗是和家人一起吃可爱的小鸟形状面包。

俄罗斯

初春互赠简单的红白装饰
佩戴在手腕或者胸口

★

在保加利亚和罗马尼亚，人们习惯在3月1日互相赠送三月花（martenitsa/martisor），这是一种由红色和白色绳子编织在一起的小装饰品。不同地区的叫法和编织方法会有区别。在保加利亚，亲密之人会互相赠送三月花，人们把它当作护身符戴在身上。在鹳鸟鸣叫、宣告真正的春天来临时，人们会摘下三月花，把它系在会结出果实的树上。

保加利亚 / 罗马尼亚

不要只顾着害怕！
在秋日天空中飞舞的蜘蛛网
能带来好运

★

很多人不喜欢蜘蛛。提洛尔地区（Tyrol）的人们却认为蜘蛛是“圣母玛利亚之虫”，能给家里带来好运。人们相信家畜小屋上的蜘蛛网会赶走女巫。秋天，蜘蛛借用蛛丝和风的力量在空中“飞航”，看起来就像飘舞的白发，所以秋老虎也被称为“老婆婆的夏天”。人们相信如果这些蛛丝粘在了衣服上，就会变得幸运。此外在瑞士，人们认为随身携带蛛丝便可以出人头地。

德语地区（提洛尔地区）

一家之长先切面包
福气便会留下

面包是重要的食物，有着各种各样的传说。比如，有十字切痕的面包十分神圣；不能对着面包说坏话；面包掉了则必须道歉；新年当天把面包埋在土里，便会有好的收成。此外，面包的第一刀需要由一家之长来切，这样全家就能得到幸福。如果晚上才开始切面包便会招来不幸。

德语地区

为了幸福的婚姻生活
新娘在家中的神圣区域
施展可爱的魔法

★

家里的房梁、门槛、灶台等被视为神圣的区域。新郎抱着新娘跨过新居门槛是非常吉利的事情，在旅行目的地的房间内也是如此。灶台是古日耳曼人礼拜和占卜的地方。在过去，新娘会先绕着炉灶走一圈。还有人说，房梁上住着善良的家神，如果新娘在睡觉时数一数房梁，便可以缓解思乡之情。

德语地区

在圣诞节、新年和狂欢节上吃罂粟籽面包便会有金钱运

★

罂粟是丰饶的象征，它可以从一个豆荚中孕育出许多种子。据说在德国东部，圣诞节、新年和狂欢节上食用罂粟籽面包便会迎来财运。在德国，由黑罂粟籽和蓝罂粟籽制成的面包和蛋糕十分盛行，中欧和东欧也是如此。罂粟籽圆面包和填满罂粟籽酱的烘焙点心都很受人们的喜爱。

德语地区

TOI TOI TOI

驱除魔鬼的话语
带来好运的“托伊、托伊、托伊”

★

“托伊、托伊、托伊”（toi toi toi）常常用在舞台表演正式开始之前来预祝演出成功。“托伊”是德语中恶魔（托伊弗［Teufel］）的略称，也是吐唾沫的拟声词。人们认为唾液和血液相同，包含着人的生命要素，都具有辟邪的力量。所以当地有一种习惯，在开始任何事情之前都吐出口水以祈求好运。这便是该词语的起源。

德语地区

5月1日“铃兰日”
送一束铃兰花给暗恋的他

★

法国人会在5月1日向亲密之人赠送铃兰花。这种习俗起源于16世纪，查理九世收到一位女士赠送的铃兰花之后十分高兴，便开始给宫廷里的女士们赠送铃兰花。后来，人们习惯在这个日子里送一束铃兰花给暗恋之人，并向对方要来一枚硬币，洗干净后在月光下晾晒。把硬币晾干后和三朵铃兰花一起放进白色纱袋，在房间的门把手挂上一晚，拿出来随身携带。如此一来，单相思便会变成两情相悦。

法国

棕树节的幸运棕榈叶
可以使家庭一整年免遭不幸

★

据说当耶稣进入耶路撒冷时，人们都手持棕榈（棕榈科植物）树枝夹道欢迎。棕榈叶也是基督受难的象征。复活节前的礼拜天为“棕树节”（Palm Sunday），人们在游行和礼拜时都会手拿棕榈叶和橄榄枝。如果把幸运的棕榈叶带回家并挂在门口，那么这一整年之内，家人便会免受灾难。

以天主教地区等为主

4 月 23 日的圣乔治日
互相赠送玫瑰花和书籍

★

圣乔治是加泰罗尼亚地区的守护圣人。据说他出生于土耳其的卡帕多西亚（Cappadocia），4月23日殉教，以战胜恶龙的传说而闻名。传说中他用剑砍倒恶龙，流出的龙血里开出了美丽的玫瑰花。此外，4月23日也是活跃于16和17世纪的小说家——《堂吉诃德》作者塞万提斯的逝世纪念日。在这天赠送玫瑰和书籍的习俗也源于此。

西班牙

摸摸佛罗伦萨新市场里野猪铜像的鼻子
幸福就会不期而至

★

佛罗伦萨新市场的凉廊中，有一尊为人熟知的名叫“幸运小猪”的野猪铜像。传说只要摸一摸它的鼻子就会带来幸运，因此猪鼻子被摸得金光锃亮。此外，传说将硬币放入小猪口中，如果能够顺利滑入它脚下的格栅里，愿望便会实现。野猪像的原型是意大利雕塑家彼得罗·塔卡（Pietro Tacca）在17世纪完成的大理石雕像，如今座落在市场里的这尊是仿制品，不过这丝毫不影响收益。

意大利

在新年前夜和元旦吃硬币形状的猪肉皮香肠煮小扁豆可以提升财运

★

猪肉皮香肠（cotechino）是意大利艾米利亚-罗马涅大区（Emilia-Romagna）摩德纳市（Modena）的特产，是一种加了各种香辛料的肥猪肉香肠。按照传统，在新年前夜和元旦，意大利的百姓家里都会把猪肉皮香肠切片，和小扁豆一同煮制成一道过年菜。而到了年末，肉店门口也都会码满猪肉皮香肠。猪肉皮香肠片和小扁豆的形状都很像硬币，据说吃了不但能招来好运，还能财源滚滚。

意大利

Luca
DARIO
mariella
Emilia

与路人一同分享新生命的喜悦
可爱的“新生儿蝴蝶结”

在意大利，有了新生儿的家庭会在家门和玄关挂上“新生儿缎带”（fiocco di nascita）表示庆祝。按照惯例，浅蓝色代表男孩，粉色代表女孩。缎带自古以来就被认为具有驱魔的效用。新生儿缎带有现成的出售，也有人自制，还有人会绣上孩子的名字。近年来还出现了更精美的设计，不单饰有缎带，还装上了泰迪熊之类的小玩偶。

意大利

开启的究竟是天国之门，还是藏有珍宝的密室之门呢？报春的密匙之花

★

黄花九轮草（或称黄花九轮樱、莲香报春花）广泛分布于欧洲，一到春天便会开出黄色花朵，十分可爱。黄花九轮草的穗子会让人联想到钥匙串。民间有传说圣伯多禄所保管的天国钥匙掉在了地上，便长出了这种小花，因此它在德国还被称作 “Himmelschlüssel”（天国的钥匙）。据说对黄花九轮草许愿就能打开宝藏大门之锁。该花可食用，也会用来制作著名的草药糖。

欧洲

金色花朵渴慕阳光向阳绽放
——金盏花是恋爱的护身符

★

金盏花（pot marigold）是原产于南欧和地中海沿岸一带的植物，很多人可能知道它的学名“Calendula”。从初夏直至入夏期间，金盏花日出而开，日落而歇，整日面朝太阳的位置绽放。它那渴慕阳光的样子象征着“不变的爱情”，因此人们将它作为恋爱的护身符，还会将其混搭在新娘的手捧花束中。据说在正午采摘的花朵最灵验。

欧洲

留下一颗苹果供奉给妖精
为来年的丰收祈福

★

在欧洲，苹果是连神话中都会出现的重要果实，相传自古罗马时代以来，苹果园就一直是神圣之地。苹果的营养价值历来为人熟知，自古以来人们都会通过各种方式来祈祷这一重要的作物得以丰收。而在女巫之间则流传这样一种方式，那就是不要把树上所有的果实都摘完，而是要留下一颗献给妖精。这一习俗被称作“木守り”[①]，在日本也能看到。

欧洲

---

① 译注：直译为守护树木。

五朔节采集的朝露是有魔法的美容药水
用它洗脸就能拥有变美的神奇力量

★

朝露自古以来就被认为具有不可思议的神奇力量，还曾被添加在美容药水中。而据传，在庆祝夏季来临的五朔节[①]（5月1日）那天的黎明时分采集的朝露具有非凡强大的功效。用这汪朝露洗脸，一整年都能保持美丽光采；用这汪朝露擦身，则能永葆健康。其中山楂树、橡树和爬山虎叶上凝结的朝露更被视为佳品。

欧洲

---

① 译注：欧洲地区的古老节日。在这一天，各国依照自己的传统，用各种方式庆祝夏季的到来。

SZLOGA

婚礼上的恶作剧和拦路障碍物
——祝福新婚夫妇新生活的开始

从古至今，婚礼上存在着各种恶作剧风俗：比如拦住新郎新娘，只有交了过路费才给放行，或是在新人会经过的地方故意放置石头拦路，又或是直接拦门等等。据说经历了这些恶作剧后，即将携手共度未来的新人将在今后克服一切困难，开启幸福美满的新生活。如今，在新婚旅行伊始让车子发动不了的恶作剧也始于这一风俗。波兰人则会在新人前往教堂的途中拦婚车。

欧洲

“蜜月”一词的起源——新婚夫妇不停喝着蜂蜜酒的一个月

蜜月如今指的是新婚旅行，它的英语“honeymoon”一词最早源于条顿人（Teutonen，古代日耳曼人的一条分支）的习俗。[①]。相传条顿人结婚后的30天内，每日都会饮用蜂蜜酒（mead，即使用蜂蜜和水酿制的酒）。蜂蜜的营养价值高，而蜜蜂由于繁衍能力极强，自古以来都是生育力的象征，因此蜂蜜也是历史悠久的春药。在欧洲某些地区，至今仍有将瓶装蜂蜜馈赠予新娘的习俗。

欧洲

① 编注：虽然该传说已被证实为谬论（Brohaugh, Bill [2008] *Everything you know about English is wrong*. Naperville, Ill.: Sourcebooks. p. 92），但丝毫不影响该词的甜蜜程度。

蜗牛黏液形成的爬行轨迹
会显现出未来恋人名字的首字母

★

自古以来，人们就相信蜗牛有预测未来的能力，并将其用于占卜恋爱运势。在晚上（还有一种说法是在万圣夜），抓一只蜗牛置于盘中，经过一夜后可以从蜗牛黏液形成的爬行轨迹上，依稀窥见你未来的恋人，甚至是结婚对象名字的首字母。坊间也流传着把蜗牛放在炉灰上，或是放在盖上盖子的玻璃瓶里的占卜方法。

欧洲

婚礼过后要在新居中种植迷迭香
象征永恒真挚的爱情

迷迭香是原产于地中海沿岸的唇形科植物，气味强烈。在欧洲，它的功效早已为人熟知，并被认为具有超自然的力量，因此也被广泛用于各类庆吊仪式中。迷迭香在婚礼上象征“永恒真挚的爱情”，因而也会用来点缀手捧花束或是头冠。据说，如果新郎新娘将婚礼上佩戴的迷迭香枝条带回新居中扦插并存活，那么他们将迎来幸福生活。

欧洲

TOOTH FAIRY

将刚脱落的乳牙放在枕头底下
牙仙会趁你睡觉时把乳牙换成金币

乳牙脱落的时间点大致分为两个——6岁左右门牙开始脱落，9岁左右臼齿开始脱落。按照日本的习俗，人们会将脱落的上排乳牙扔在地板下，下排乳牙扔在屋顶上。而在欧美地区，小孩会把刚脱落的乳牙放在枕头底下，牙仙便会在孩子熟睡时将牙齿拿走，换成金币或是小礼物。有些国家的传说里交换牙齿的不是牙仙，而是以牙齿坚固锐利著称的老鼠。

欧洲／美国

赠予他人纽扣能唤来好运
在街上捡到纽扣暗示能交到新朋友

★

纽扣的历史相当悠久。在西方，5至6世纪就已经出现用动物的骨头、兽角、贝壳、果实等制作的纽扣，关于纽扣的奇闻异事也层出不穷。纽扣能招来好运，也适合馈赠他人。据说在街上捡到纽扣的话还会有一场新的邂逅。其中，最为吉利的则是四眼的纽扣。不过，如果扣子扣错的话会招来厄运，必须重新扣好才行。

欧洲 / 美国

从高高的杆子上纵身跳下倒吊着旋转祈求五谷丰登

★

飞人典礼（Danza de los Voladores）起源于古代宗教祭祀仪式，是墨西哥和中美洲地区祈求丰收的一种仪式舞蹈。仪式之初，人们会先祈求森林之神的宽恕，在森林里砍伐树木。再将这些树木制成18至40米的木杆装上软梯，高高立起，作为表演用的长杆。5名男子爬上长杆，其中一人登上杆顶的平台上唱歌、一边吹笛子一边敲小鼓，其余4人身上系着长绳，从平台上纵身一跃，倒吊着绕长杆旋转直至渐渐接近地面。

墨西哥 / 中美洲

在庆祝生日和圣诞等节日时
人们会蒙上眼睛打破皮纳塔

把塞满水果或糖果的容器“皮纳塔”（piñata）用绳子挂起来，蒙上眼睛只凭周围的提示声用长棍将它们逐个打破。相传这一习俗来源于16世纪天主教传教士在圣诞节弥撒上玩的游戏。如今的皮纳塔形态各异，不过它最初的样貌是长有7个角的星型容器。这7个角代表着七宗罪，把眼睛蒙住用棍棒击打这“七宗罪”则象征击败罪恶。

墨西哥（中南美洲）

睡前向小小的解忧娃娃倾诉烦恼后
将其置于枕下入眠

★

危地马拉的解忧娃娃（trouble dolls）[1]是非常小巧的手工人偶，长度约2至3厘米，据说起源于玛雅神话中的女神。在睡前将烦恼和问题一股脑儿地向解忧娃娃倾诉后，把它放在枕头下入眠，娃娃便会赋予你解决问题的智慧。每个娃娃只能解决一个烦恼。若你的难题如愿得到解决，则要把娃娃埋进土里。据说给解忧娃娃取名的话效果会更显著。

危地马拉

---

① 译注：更普遍的英文名称为 worry dolls，在西班牙语中叫作 muñeca quitapena。

屋顶上的守护者
是一对能辟邪驱魔的普卡拉陶瓷牛

★

普卡拉牛（Torito de Pucará）是陶制的小牛雕像，能够辟邪消灾。在16世纪，西班牙人将牛引进秘鲁之后，牛才成为当地令人熟知的动物。而这种牛型塑像，能让我们一窥秘鲁人在接触欧洲文化之前，在色彩和造型上的独特造诣。普拉卡牛有素烧的，有彩釉的，通常成对放置在屋顶上，公牛在左，母牛在右，高度一般在50厘米左右。

秘鲁

女儿订婚后母亲会向她传授如何编织带盖的吉祥物篮子

★

卢旺达的阿嘎塞克（agaseke）是一种带有锥形盖子的草编篮子，在该国的纸币和国徽上也能找到这种传统手工艺品的身影。阿嘎塞克使用剑麻编织而成，色彩丰富，大小各异，卢旺达人还将其作为嫁妆。在女儿订婚后，母亲就会将阿噶塞克的编织技艺传授给她。据说编得越好的女性生活越幸福。此外为了“防止幸福溜走”，还要做个盖子将篮子牢牢封住。

卢旺达

修建新居的同时
也要在地皮内为带来幸运与财富的土地神
建立居所

★

在泰国，人们在修建新居的同时会在地皮内为土地神（Phra Phum）①修建“土地神屋”（San Phra Phum）作为居所，他们相信神灵会带来幸运与财富。土地神屋是个小型祠堂，立在柱子上和人眼差不多高的位置，内部摆放神灵的雕像。有的雕像周围会摆上一圈随从、牛、马等小模型。人们会将开了封的食物和插上吸管的饮料供奉给土地神。

泰国

---

① 译注：泰语为 **ศาลพระภูมิ**，意为“神佛地主龛”或是“土地神屋”。

在庭院中种植象征吉利的植物
享受花果的阵阵飘香

泰国人会在自家庭院种植象征吉利的植物。据说种茉莉花的人家会得到周围人的爱戴，孩子将来会孝顺父母。而芒果树、菠萝蜜树或香蕉树之类的果树能招财进宝。相反的，也有完全不适合普通人家栽种的植物——那便是释迦牟尼佛在其下悟道成佛的菩提树。按道理这类“圣树”最好不要种植在寺庙以外的地方。

泰国

泰国“水灯节”
以漂浮的灯笼向水神表达感谢之情

★

在每年泰历的12月，河水上涨的满月之夜，泰国各地都会举行“水灯节”（Loy Krathong，泰语：**ลอยกระทง**）。水灯节这一习俗起源[①]于13世纪的素可泰王朝。彼时人们汇集于河畔，在灯笼上插上线香或花火，放入河中随波漂流，向河流女神（Phra Mae Kongka，泰语：**พระแม่คงคา**）表达谢意。水灯的样式因地而异，各具特色，不尽相同。水灯节的会场附近通常都有夜市，有些地方还会举行烟火和花车等表演，真可谓是一场绚丽夺目、热闹非凡的庆典。

泰国

---

① 译注：关于水灯节的起源众说纷纭，这是其中流传较广的一个版本。

深得药食同源的精髓
喝温润的绿豆粥或绿豆汤消暑

★

绿豆有清热、利尿、解毒等功效，是中国颇受欢迎的传统夏日食品。用绿豆做成的粥或汤口味微甜，有点像日本的年糕小豆汤或红豆年糕汤（ぜんざい），在家也能烹煮，在街边小店外带一份品尝也很方便。在绿豆汤和绿豆粥中加入中药薏苡仁的做法也相当普遍。

中国

在晚秋的重阳节登高、赏菊
品尝寓意为“步步高升”的糕点

★

中国农历的九月初九是重阳节。九月初九，两个阳数（即奇数）重合，因此这天便成了重阳节。如今重阳节是老年节，不过它在最初是祈愿步步高升、百事俱高的节日。在重阳节有身佩吴茱萸、登高望远、赏菊和饮菊花酒等传统习俗。在这天，人们还会品尝用米粉作为原料蒸制而成的传统糕点“重阳糕”。因“糕”与“高”同音，吃糕寓意美好吉祥。

中国

中秋

中秋节月圆人团圆
全家人分食祭月的月饼

★

在中国古代农历八月十五的中秋时节，人们会在中庭院子放置香案，摆上月饼和时令瓜果祭月。供品里西瓜是必不可少的，还要切成莲花状，这是古时宫中御膳房传承下来的做法。一家人按辈分依次对月祭拜后，一起分食又大又圆的月饼。最常见的月饼是豆沙、莲蓉或芝麻馅的，在馅料中嵌入一颗咸鸭蛋黄，象征月亮。最近的月饼更是花样繁多，口味层出不穷，甚至还有芝士馅的。

中国

用毛毡做的狐狸
赶走惹哭婴儿的狐妖

在蒙古有这样的传说，如果睡得香甜的婴儿突然惊起，哭闹不止，那一定是因为狐妖在宝宝耳边不怀好意地说道：“你的妈妈走远了，再也不会回来了哟。”因此为了阻止狐妖的恶作剧，人们会用毛毡做成狐狸的样子，将它们摆在宝宝枕边，或是悬挂在摇篮上方。如此一来，狐妖便不能作恶，宝宝也能安然入睡了。

蒙古

念下“なかきよ”(na ka ki yo)回文诗咒语便能在正月二日的夜里做个吉祥的初梦[①]

自中世[②]起，日本的初梦就被视为能够预测未来一整年的运势。把“なかきよのとおのねふりのみなめさめなみのりふねのおとのよきかな”[③]这首和歌写在绘有七福神乘坐的宝船图上，然后将其放在枕头下入眠能做好梦。这首和歌不仅是回文，还在多处暗藏着文字游戏，如“なかきよ”既代表“永生永世”，也能代表“漫漫长夜”[④]；“とおの”既代表“十个”也能代表“遥远的”[⑤]等。这样一来，即使做了噩梦，只要将这张画放在河上让它顺着河流漂走，厄运便会随之一并走远。

日本

---

① 译注：按照日本传统，除夕为12月31日，由于日本人有守岁的习惯，因此1月1日（正月一日）至1月2日（正月二日）之间的这一晚为新年的第一个晚上，这天晚上所做的梦为“初梦”。

② 译注：指日本的镰仓时代（1185—1333年）和室町时代（1336—1573年）。

③ 译注：此句加上汉字的写法为“長き夜の遠睡りの皆目醒め波乗り船の音の良きかな”。这首和歌最初的意思是“船只驶过时的海浪声如此悦耳，以至于让我忘记了时间的流逝。骤觉黑夜是如此的漫长，不知道何时才能迎来早晨。”

④ 译注：同音不同字。现代读音为“ながきよ”（nagakiyo）。前者写作“永き世”，后者写作“長き夜”。

⑤ 译注：同音不同字。读音为“toono”。前者写作“十の”，后者写作“遠の”。

亀井英里　Eri Kamei

1988年生于兵库县，现居住在东京。毕业于武藏野艺术大学，2011年开始从事自由插画师的工作。使用水彩、数码和其他各种技术绘制植物、动物、空想生物和人们的日常生活。她还从事图案设计工作，并活跃于广告、书籍和杂货等广泛领域中。

https://erikamei.com/

参考文献

『[新版]中央ユーラシアを知る事典』 平凡社
『[新版]ラテンアメリカを知る事典』 平凡社
『[新版]アフリカを知る事典』 平凡社
『[新版]ロシアを知る事典』 平凡社
『[新版]南アジアを知る事典』 平凡社
『[新版]東欧を知る事典』 平凡社
『[新版]東南アジアを知る事典』 平凡社
『スペイン文化事典』 丸善出版
『インド文化事典』 丸善出版
『中国文化事典』 丸善出版
『北欧文化事典』 丸善出版
『キリスト教歳時記ーー知っておきたい教会の文化』 八木谷涼子　平凡社
『福招き手帳』 佐々木ルリ子、菅原すみこ　河出書房新社
『魔女のシークレットガーデン』 飯島都陽子　山と渓谷社
『タイのしきたり』 中島マリン　めこん
『神話と伝説にみる花のシンボル事典』 杉原梨江子　説話社
『カッセル英語俗信・迷信事典』 デービッド・ピカリング　青木義孝/中名生登美子(訳)
『ビジュアル版　世界お守り大全』 デズモンド・モリス　東洋書林
『スペルズ　世界のおまじない事典』 ジュディカ・イルス　説話社
『願いごとのえほん』 ローズアン・ソング、エリサ・クレヴェン、椎名かおる　あすなろ書房

图书在版编目（CIP）数据

50个世界各地的幸运传说 /（日）龟井英里著；宋春晓，英尔岛译. -- 上海：上海三联书店，2023.1
ISBN 978-7-5426-7780-8

Ⅰ.①5… Ⅱ.①龟… ②宋… ③英… Ⅲ.①风俗习惯－介绍－世界 Ⅳ.①K891

中国版本图书馆CIP数据核字(2022)第136738号

Originally published in Japan by PIE International PIE International
Under the title 小さな幸せがみつかる世界のおまじない
（*Chiisana Shiawase ga Mitsukaru Sekai no Omajinai*）

Original Japanese Edition Creative Staff:
著者　亀井　英里
装丁・デザイン　関　木綿子 (PIE Graphics)
文　加藤　希
編集　及川さえ子
Simplified Chinese translation rights arranged through Copyright Agency of China, China

50个世界各地的幸运传说

著　　者 / [日]龟井英里
译　　者 / 宋春晓　英尔岛
责任编辑 / 张静乔
特约编辑 / 钱凌笛
装帧设计 / 徐　徐
监　　制 / 姚　军
责任校对 / 王凌霄

出版发行 / 上海三联书店
（200030）中国上海市漕溪北路331号A座6楼
邮　　箱 / sdxsanlian@sina.com
邮购电话 / 021-22895540
印　　刷 / 上海南朝印刷有限公司

版　　次 / 2023年1月第1版
印　　次 / 2023年1月第1次印刷
开　　本 / 889mm × 1194mm 1/24
字　　数 / 23千字
印　　张 / $4\frac{2}{3}$
书　　号 / ISBN 978-7-5426-7780-8 / K・675
定　　价 / 88.00元

敬启读者，如本书有印装质量问题，请与印刷厂联系021-62213990